YOU MAKE ME SMILE BECAUSE...

YOU HAVE THE BEST SENSE OF HUMOUR

YOU MAKE ME SMILE BECAUSE...

YOU KNOW HOW TO BRING THE FUN

YOU MAKE ME SMILE BECAUSE...

YOU SPREAD JOY WHEREVER YOU GO

YOU MAKE
ME SMILE
BECAUSE...

YOU MAKE ME SMILE BECAUSE...

YOU'RE ALARMINGLY CHARMING

YOU MAKE ME SMILE BECAUSE...

YOU'RE A RAY OF SUNSHINE!

YOU MAKE ME SMILE BECAUSE...

YOUR
HEART IS
SO BIG
AND FULL
OF LOVE

YOU MAKE ME SMILE BECAUSE...

YOU MAKE ME SMILE BECAUSE...

YOU DON'T CARE WHAT OTHERS THINK OF YOU

YOU'RE STRONG AND BRAVE

YOU MAKE ME SMILE BECAUSE...

YOU BRING OUT THE BEST IN ME

YOU MAKE ME SMILE BECAUSE...

YOU MAKE ME SMILE BECAUSE...

YOU UNDERSTAND ME LIKE NO ONE ELSE DOES

YOU MAKE ME SMILE BECAUSE...

YOU MAKE ME SMILE BECAUSE...

YOU
ALWAYS
MEAN WHAT
YOU SAY

YOU MAKE
ME SMILE
BECAUSE...

YOU MAKE ME SMILE BECAUSE...

YOU'RE ALWAYS SUPPORTIVE, EVEN WHEN WE DON'T AGREE

YOU MAKE
ME SMILE
BECAUSE...

YOU MAKE
ME SMILE
BECAUSE...

YOU ALWAYS
GIVE GOOD
ADVICE

YOU MAKE ME SMILE BECAUSE...

Your personality
is like a shower of
sparkles and glitter

YOU MAKE ME SMILE BECAUSE...

I KNOW I CAN TRUST YOU

YOU MAKE ME SMILE BECAUSE...

YOU'RE THE SILVER LINING ON A CLOUDY DAY

YOU MAKE ME FEEL LIKE I CAN DO ANYTHING

YOU MAKE
ME SMILE
BECAUSE...

YOU MAKE
ME SMILE
BECAUSE...

THERE'S NO ONE QUITE LIKE YOU

YOU EXPAND MY HORIZONS

YOU KNOW ALL THE ~~WORST~~ BEST JOKES

YOU MAKE ME SMILE BECAUSE...

WE MAKE AN AMAZING DOUBLE ACT

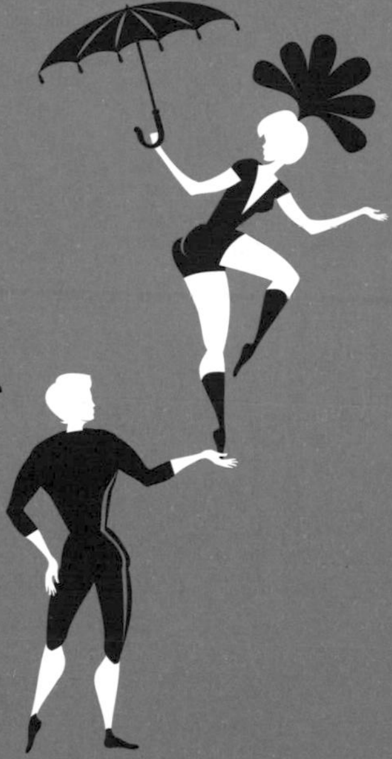

YOU MAKE ME SMILE BECAUSE...

WELL, THERE ARE JUST TOO MANY REASONS!

YOU MAKE ME SMILE BECAUSE...